AF266039

SCIENCE SOCIALE.

SCIENCE SOCIALE

IDÉES PRÉLIMINAIRES

PAR

RAMON DE LA SAGRA.

PARIS

CHEZ CAPELLE, RUE DES GRÈS-SORBONNE.

1848

aris, 6 mai 1848.

Citoyen Président du Club central de l'organisation du travail.

Dans la deuxième séance on a exprimé le désir de bien préciser la valeur et la signification des mots dont on se sert généralement dans les discussions des doctrines sociales ; car de l'indétermination des mots naît l'anarchie dans les idées,

qui, avec le temps, se traduit par l'anarchie dans les faits.

Les écoles économiques ont donné le
plus frappant exemple de cette malheu-
reuse indétermination, puisque de l'avis
même des princes de la science, pas deux
d'entre leurs écrivains ne sont d'accord
sur la valeur et la signification d'un seul
mot. C'est pour cela que la confusion
d'idées est arrivée à un tel point, que
la discussion et même la réfutation des
erreurs économiques devient aujourd'hui
excessivement fatigante et presque impossible.

Le *socialisme* est menacé d'une pareille
confusion, d'autant plus regrettable que
cette science est destinée à régénérer la
société, et par conséquent à diriger les

travaux de l'intelligence vers cet immense résultat. Mais de la manière dont on procède et avec l'indétermination qui commence à règner dans les mots, la méfiance, le doute et la négation de l'utilité des doctrines sociales ne tarderont pas longtemps à passer des individus de bon sens aux masses populaires, si intéressées dans la résolution des proplèmes sociaux.

Dans mes écrits, sur ces problèmes, j'ai toujours tâché d'appeler l'attention des lecteurs sur la nécessité de bien préciser la valeur des mots; et je crois en avoir donné l'exemple en déterminant le sens des expressions *organisation du travail, liberté du travail, libre concurrence, libre commerce*, etc.. etc., qui, jusqu'à ce jour, n'avaient aucune précision. J'ai

extrait de mes manuscrits les notes sui-
vantes, qui se rattachent aux questions
traitées dans les dernières séances du
club, et que je m'empresse de lui com-
muniquer, avant de terminer un travail
plus complet sur ce sujet.

J'ai l'honneur d'être votre dévoué
serviteur ,

RAMON DE LA SAGRA.

SCIENCE SOCIALE.

IDÉES PRÉLIMINAIRES.

1. La société est l'humanité.

2. Le but de la société est l'ordre.

3. L'ordre est la raison en exercice.

4. La science sociale a pour but la détermination des lois de l'ordre dans la société.

5. La science sociale doit donc exprimer l'organisation sociale.

6. Il y a deux systèmes d'organisation sociale : l'un par la *foi*, l'autre par la *raison*.

7. L'organisation sociale par la foi, qui a dominé jusqu'au siècle dernier, était l'organisation par le *despotisme*.

8. Le *despotisme* est la force sans la raison.

9. La *liberté*, est la soumission des passions à la raison.

10. La *liberté sociale* est la conformité de l'organisation sociale avec les prscriptions de la raison absolue.

11. L'*égalité sociale* est la conséquence de la soumission de l'humanité a la raison; c'est-à-dire qu'elle est la conséquence de la *liberté*.

12. L'ordre sous le *despotisme* s'établit par le raisonnement illusoire, et sous la *liberté* par le raisonnement réel.

13. L'ordre établi par le raisonnement illusoire se maintient par la force dépourvue de raison.

14. L'ordre établi par le raisonnement réel se maintient par la raison disposant de la force.

15. Le soutien de l'organisation despotique devient impossible après l'anéan-

tissement du droit divin et avec la libre émission de la pensée.

16. Il ne reste donc de possible que l'organisation sociale par la raison, que nous appelons *organisation sociale rationelle*.

17. Le *socialisme* est la tendance de l'humanité vers l'organisation rationnelle.

18. Les différentes écoles socialistes proposent divers moyens de parvenir à cette organisation sociale rationnelle.

19. Parmi les moyens proposés et à proposer par les socialistes, il ne peut y en avoir qu'un seul de vrai. Par conséquent, tous les autres peuvent être faux et même absurdes.

20. Mais l'erreur et l'absurdité des systèmes proposés pour résoudre la question sociale n'impliquent pas d'erreur ou d'absurdité la question en elle-même.

21. Toutes les écoles socialistes semblent d'accord pour reconnaître la nécessité de parvenir à l'organisation rationnelle de la société.

22. Cette unanimité suppose que l'organisation rationnelle est possible.

23. La possibilité de l'organisation rationnelle implique la possibilité de l'ordre social.

24. Les économistes nient la possibilité de l'organisation rationnelle, fondée sur l'ordre moral.

25. Avant de discuter sur la réalité de l'ordre moral, il faut déterminer la valeur de cette expression.

26. Nous comprenons par *ordre moral* la coordonation des phénomènes sociaux vers un but de bonheur général.

27. Si *l'ordre moral* ne peuvait pas exister, l'humanité serait condamnée à périr dans l'anarchie : car il n'y a pas de milieu entre l'ordre et le désordre. L'ordre étant impossible, et le désordre ne pouvant pas être éternel, conduirait à la mort sociale.

28. Donc si l'ordre moral ne peut pas

exister, l'humanité est condamnée à périr.

29. Si l'ordre moral ne peut pas exister, le progrès de l'intelligence n'aboutira jamais à un résultat utile pour l'humanité.

30. Si les efforts de l'intelligence doivent rester stériles, alors l'égoïsme matérialiste doit être la règle sociale et individuelle.

31. Mais l'égoïsme matérialiste ordonne l'exploitation de l'homme par l'homme, qui est le despotisme.

32. Par conséquent, de l'impossibilité d'organiser la société par l'ordre s'ensuivrait la nécessité du retour au despotisme.

33. Mais nous avons démontré que le retour au despotisme est impossible; donc l'humanité serait condamnée à un retour vers l'impossible, ce qui est absurde.

34. Donc l'ordre moral doit exister.

35. L'ordre moral ne peut exister que

dans l'harmonie des actions vers un but moral commun, c'est-à-dire vers la *fraternité*.

36. L'ordre moral sera la traduction pratique de la *fraternité sociale*.

37 L'organisation sociale doit donc reposer sur le principe de la *fraternité*.

38. L'organisation sociale doit être à la fois *intellectuelle* et *matérielle*.

39. L'organisation *intellectuelle*, c'est l'organisation de l'*instruction* ; l'organisation *matérielle*, c'est l'organisation de la *richesse*.

40. Le trait caractéristique de l'humanité, celui qui les comprend tous, c'est le *travail*.

41. Le *travail*, c'est la traduction de la pensée par les actes.

42. Le *travail* est inséparable de la pensée. Il peut exiger plus ou moins d'efforts de l'intelligence, mais jamais il ne s'opère avec l'oblitération de l'intelligence.

43. Sans l'exercice de l'intelligence, il n'y a que force et mouvement.

44. Sous ce point de vue que tout est travail dans l'humanité, la maxime *organisation* du travail doit se traduire par la phrase *organisation de la société*.

45. Mais logiquement parlant, on ne peut organiser le travail, car *travailler* c'est *raisonner*, et on n'organise pas le raisonnement qui lui-même doit tout organiser.

46. Le produit, c'est le résultat de l'application du travail sur la matière.

47. Le fruit du travail doit appartenir au travailleur, et après lui, ce dont il n'aura pas jugé à propos de disposer, doit passer à ceux de ses enfants qu'il jugera l'avoir mérité.

48. La *propriété* n'est pas le prix du travail, mais la consécration et la légalisation du travail.

49. La *propriété* n'est pas un principe, mais la conséquence du raisonnement, et par conséquent l'expression de l'humanité.

50. La *propriété* est inébranlable; mais *l'organisation de la propriété* est variable avec l'organisation de la société.

51. L'*organisation de la propriété* est l'expression de l'ordre social quant à la matière. Lorsque cet ordre sera rationnel, l'organisation de la propriété sera invariable.

52. Il y a diverses séries de travaux suivant les sujets auxquels l'intelligence s'applique. Ainsi, il y a travail scientifique, travail artistique, travail industriel, travail agricole, travail commerçant, travail législatif, travail administratif, travail exécutif, travail judiciaire, travail enseignant, etc., etc.

53. L'ensemble de toutes ces séries de travaux, rationnellement organisées, constituera l'organisation sociale rationnelle.

54. Les *questions sociales* se rapportent

à l'organisation rationnelle de chaque ordre ou série de travail en particulier et de son ensemble en général.

55. Ainsi il y a des *questions sociales* qui se rapportent aux pouvoirs de l'état, à la forme du gouvernement, aux intérêts internationaux. On les appelle *questions politiques.*

56. Il y a des *questions sociales* qui se rapportent aux travaux industriels, agricoles, commerciaux. On les appelle *questions économiques.*

57. Il y a des *questions sociales* qui se rapportent à l'enseignement, aux découvertes, à la détermination des lois de l'ordre physique. On les appelle *questions scientifiques.*

58. Enfin, il y a des *questions sociales* qui se rapportent aux droits et aux devoirs des individus ; ce sont les *questions morales.*

59. Mais tous ces genres de questions sont compris dans la catagérie univer-

selle de *questions sociales*, parce que toutes se rapportent et ne peuvent pas se
rapporter qu'à la *société*.

60. Sous l'organisation despotique,
établie sur la foi, l'autorité réglait les
conditions d'existence de tous les ordres
de travaux sociaux, et alors les questions
politiques prédominaient dans la société.

61. Sous l'organisation rationnelle, les
questions politiques doivent être subor-
données aux lois de l'organisation de l'ensemble. Sous ce point de vue, les questions politiques n'ont qu'un intérêt se-
condaire.

62. C'est pour cela que la révolution
actuelle, qui a pour but l'organisation de
l'ensemble, où est compris l'ordre politique, s'appelle à juste titre *révolution sociale*.

63. Les questions politiques ont pour
but essentiel la constitution du pouvoir
ou de *l'autorité*, et la détermination des

rapports réciproques entre l'autorité et les individus.

64. Les questions politiques sont donc des questions relatives au *droit*, et, à ce point de vue, elles appartiennent à *l'ordre moral*.

65. Les questions économiques ont pour but essentiel la détermination des rapports réciproques entre l'autorité et les individus, considérés comme producteurs et consommateurs, et des relations mutuelles entre eux.

66. Les questions économiques sont donc relatives aux *devoirs* réciproques des citoyens, et, à ce point de vue, elles appartiennent aussi à *l'ordre moral*.

67. C'est pour cela qu'on peut définir la science sociale, en disant qu'elle a pour but *la détermination précise des lois de l'ordre moral*.

68. Dès lors il devient évident que toutes les questions sociales reposent sur le *droit*, sur la *justice absolue*.

69. La sanction de l'ordre moral est *l'éternelle justice*, garantie immuable de la réalité de tout ordre absolu possible, de toute raison absolue.

70. La science sociale, basée sur la justice absolue, doit déterminer *ce qui doit être*, et ce qui doit être *d'une manière absolue*.

71. Et comme ce qui *doit être* est indispensable pour l'existence de l'ordre, et comme l'existence de l'ordre est le but évident de la société, il devient aussi évident que *ce qui doit être sera*, sous peine de mort sociale.

72. Dès lors la révolution sociale ayant pour but d'établir ce qui doit être juste d'une manière absolue, *la révolution sociale se fera*.

DES APHORISMES SOCIAUX *.

—

73. La première période humanitaire fut religieuse. On admettait alors que la sanction des actions, tant pour la vie publique que pour la vie privée, était non sur cette terre mais dans le ciel.

74. La croyance en ce principe faisait admettre que toute autorité venait de Dieu, et cette croyance environnait l'autorité d'un prestige divin.

75. Tout ordre était exécuté, quel que fût son caractère et sa tendance, car l'autorité parlait au nom de Dieu.

76. La rebellion contre les ordres de l'autorité était à peine concevable et leur

* Imprimés séparément, et non encore livrés à la publicité.

discussion l'était, pour ainsi dire, moins encore. Nier leur justice était réputé un acte de démence ; mettre en doute cette même justice était un sacrilége.

77. Le principe de l'autorité, reposant sur une croyance, était article de foi religieuse ; et ce principe renfermait ainsi en lui-même la source d'une obéissance aveugle, d'une soumission profonde, du respect, de la vénération.

78. Ainsi s'établit naturellement le despotisme ancien fondé sur la foi. Il n'était pas imposé brutalement par la seule force, mais imposé et adopté sociablement, comme l'expression d'une loi providentielle.

79. Cet absolutisme n'était pas démontrable comme principe rationnel, mais l'éducation le faisait accepter comme juste. Cela était suffisant et plus que suffisant pour le faire respecter.

80. Le despotisme ancien avait besoin de divers moyens, pour se soutenir : 1º l'igno-

rance des masses, ou l'esclavage intellectuel ; 2° l'exploitation des masses, ou l'esclavage matériel ; 3° l'isolement des
peuples.

81. L'ignorance des masses rendait nécessaire le monopole de l'instruction et
de l'éducation.

82. L'exploitation des masses rendait
nécessaires l'appropriation du sol par la
minorité exploitante, la transmission de
cette propriété par hérédité, l'exemp-
tion d'impôt sur la richesse, et l'attache
des droits politiques à la propriété.

83. Les masses alors étaient considé-
rées comme partie de la propriété et con-
fondues avec le sol qu'elles cultivaient.

84. La totalité des produits du travail
appartenait à la minorité propriétaire du
sol ; mais la masse des travailleurs avait
le droit d'être nourrie et soutenue par la
minorité.

85. L'esclavage alors était considéré
comme un droit, et accepté comme tel

par les majorités exploitées et par les minorités exploitantes.

86. Le fanatisme religieux et le fanatisme politique, ou le patriotisme, servaient ainsi d'appui au despotisme, en contribuant à l'isolement des peuples.

87. L'isolement des peuples était juste, comme nécessaire au maintien de l'ordre dans chaque circonscription religieuse ou politique : l'ordre se trouvant incompatible avec les communications et l'amitié entre les diverses nations.

88. De là prit origine la nécessité des armées permanentes pour maintenir et faire respecter les nationalités ennemies et rivales.

89. Pendant des siècles les peuples et les familles furent ainsi gouvernés sous un régime absolu, qui rendait nécessaire l'état d'ignorance de l'humanité.

90. Pendant cette longue époque, l'autorité, au nom de Dieu, imposait aux

hommes les conditions convenables au maintien de la société.

91. Et les hommes se soumettaient en croyant, parce que la foi était un devoir social.

92. L'établissement des moyens despotiques, nécessaires à la conservation de l'ordre, était garanti par l'assentiment général dans chaque circonscription : ainsi la force était unie à l'autorité.

93. Pendant des siècles, la raison se soumit à cette dépendance, et les divergences qui pouvaient se remarquer entre les conquêtes de la science et les dogmes de la foi, étaient attribuées aux imperfections de la raison, aux imperfections des moyens d'examen.

94. L'ordre continuait à régner dans chaque circonscription, au moyen de la compression de l'examen, qui maintenait l'ignorance au sein des masses et favorisait leur exploitation par la minorité propriétaire du sol.

95. L'intolérance religieuse et politique rendait inévitables les guerres, et avec les guerres les usurpations par la conquête.

96. Mais les conquêtes, résultats de la guerre ou du principe d'isolement des peuples, tendait à les mettre en rapport, et à établir des relations réciproques au moyen du commerce.

97. Ainsi commençait à s'affaiblir le principe de l'isolement, et à dominer le principe commercial.

98. La conséquence naturelle des relations internationales fut la domination par les richesses, remplaçant la domination par les armes.

99. Mais toujours les majorités continuèrent d'être exploitées par les minorités, et le maintien des masses dans l'ignorance continua d'être la base de la domination despotique.

100. Cependant la raison, étendant peu à peu le cercle qui lui était attribué, ren-

contra de plus fortes contradictions entre ses découvertes et les principes imposés par la foi.

101. Mais bientôt la raison, orgueilleuse de ses conquêtes, s'éleva de la base à la pointe de la pyramide, et de subordonnée aux croyances, se transforma en dictatrice.

102. Le libre examen fut le fruit immédiat de l'émancipation intellectuelle. Ce fut le triomphe de l'esprit sur la foi, de la raison sur les croyances.

103. Toutes les croyances, bases des anciennes sociétés, furent ainsi soumises à l'examen.

104. Du moment que l'émancipation de la pensée fut proclamée, l'autorité suprême perdit la base de son pouvoir, et avec elle toutes les autorités subalternes ; car, devant l'incompressibilité de l'examen, tout principe basé sur une croyance ne tarde point à disparaître.

105. Telle fut l'origine de la guerre sociale actuelle, où combattent corps à corps l'ancienne autorité et la science nouvelle.

106. La *presse* fut l'auxiliaire providentiel de l'intelligence combattue par la force, et bientôt sa tendance fut de transformer la majorité croyante en majorité raisonnante.

107. Le nominalisme ou l'émission de mots, sans valeur déterminée, est la caractéristique d'une société où la science est matérialiste. Parmi les expressions sans valeur réelle, le mot *progrès* peut servir d'exemple comme *parole sacrée* des sociétés modernes.

108. Le progrès des sociétés modernes n'est que le progrès matériel, mais en aucune manière le progrès moral.

109. Quand l'examen est incompressible, quand une foi religieuse ne domine plus la science, c'est la science qui domine nécessairement. Aussi longtemps que la science ne démontre pas la réalité du lien religieux, la science reste *sceptique* ; et le scepticisme scientifique dominant la société, a pour conséquence le matérialisme pratique.

110. Aussi tous les codes des sociétés modernes sont entachés de matérialisme.

111. Le matérialisme social engendre toutes les attaques du crime contre l'ordre. Quand la société n'a de sanction que l'échafaud, le poignard de l'assassin fait équilibre au glaive du bourreau.

112. La législation des sociétés modernes fait abstraction de toute sanction ultra-vitale. La législation du crime est précisément la même.

113. De cet ensemble de causes, ayant toutes une même origine (l'état de la science), naquirent la fraude, la mauvaise foi, la perfidie qui se répandent, et bientôt surnageront toutes les classes de la société.

114. Telle est la source de la lutte acharnée qui existe entre les intérêts de nation à nation, de classe à classe, d'individu à individu.

115. De là la prédominance pratique du principe, que le bien propre ne peut résulter que d'un mal d'autrui : traduction de cet autre principe : *Chacun pour soi, chacun chez soi.*

116. Cela aura lieu pour aussi longtemps que l'autorité basée sur ce que dicte la raison, déterminée d'une manière absolue, n'est pas cherchée, trouvée et socialement acceptée.

117. L'anarchie règne universellement dans le système industriel, dans le système intellectuel, dans le système moral ; en résumé, dans le système social qui les réunit tous.

118. Dans l'ordre économique, la domination par la richesse a remplacé l'ancienne domination par les priviléges.

119. L'ancienne domination était garantie par la foi, qui déclarait méritoires, dans une autre vie, les souffrances des malheureux exploités dans cette vie.

120. La domination moderne ne donne d'autre motif de l'exploitation qu'elle exerce, que la force, sans consolation d'aucune espèce.

121. En proclamant le travail libre, on a laissé le poids de l'impôt sur le travail qui l'écrase.

122. La liberté promise au travail, n'a été accordée qu'au capital, et le premier est resté esclave du second.

123. En proclamant l'instruction générale, on a rendu impossible l'instruction pour les classes ouvrières par manque de loisir.

124. Ainsi on a proclamé des principes qui sont incompatibles avec la domination du système ancien, qui dure encore.

125. La libre concurrence est illusoire, lorsque le capital domine; car alors le travail est esclave, et il n'y a pas de liberté ni de concurrence possibles pour les esclaves du capital.

126. La libre concurrence est impossible tant qu'il existe des priviléges et des monopoles; et il y a privilége et monopole dans l'appropriation du sol à des individus.

127. De l'organisation actuelle du travail résulte inévitablement la misère, l'ignorance et l'immoralité des classes ouvrières.

128. De semblables inconvénients et de pareils obstacles subsistent pour la réalisation de la liberté commerciale.

129. La liberté du commerce universel, complément de la liberté du travail, reste utopique tant qu'il existe des nations ayant nécessairement des intérêts opposés qui rendent impossible la prospérité de tous.

130. Pour que le commerce universel domine, il faut que les divisions politiques disparaissent, et que toute l'humanité ne fasse qu'une seule et même famille.

131. Mais pour cela, il faut que toute l'humanité obéisse au même principe social, et ait par conséquent une même base sociale.

132. Mais comme cette base n'existe pas encore, la fusion des nations sous un même lien social devient impossible.

133. La liberté du commerce entre les nations, rendra dominatrice la plus habile ou la plus forte.

134. La libre concurrence entre les nations, forcera à augmenter l'exploitation des travailleurs dans chaque nation.

135. La liberté d'enseignement devient aussi anarchique que toutes les autres libertés, dans l'état actuel de la société.

136. La liberté d'enseignement suppose la conformité universelle à un principe social, reconnu et adopté par tous les hommes.

137. Mais comme ce principe n'est pas

encore connu , la liberté d'enseignement
deviendra entièrement anarchique.

138. L'unité sociale ne peut exister
qu'au moyen de la science ou du raisonnement. Mais aujourd'hui, la science est
arrivée seulement à la période matérialiste qui nie le spiritualisme.

139. Tant qu'il n'y aura pas un principe religieux universel, seul pouvoir
social possible en présence de l'incompressibilité de l'examen, l'indifférence,
le doute et le matérialisme domineront
dans le monde.

140. Le principe culminant des doctrines que nous avons émises jusqu'à
présent, est : que l'humanité, en suivant
la voie tracée par l'examen devenu incompressible, est arrivée à une période
d'anarchie au sein de laquelle se trouvent
les nations modernes.

141. Ce principe n'est ni une opinion
individuelle, ni une maxime de parti, ni
un système, ni une théorie, ni une utopie;

c'est l'expression claire, réelle de ce qui est ; la simple manifestation d'un fait évident.

142. Il n'y a, pour l'humanité, que croyance ou science. Le règne social des croyances est anéanti. Il faut que le règne de la science arrive, ou que l'ordre, c'est-à-dire l'humanité, disparaisse.

103. La société se trouve et doit se trouver dans un état de révolution permanent, jusqu'à ce que le nouvel élément d'ordre, la science purgée de croyances, vienne à paraître.

144. Mais les progrès de la civilisation rapprochent les peuples, développent les intelligences, répandent les connaissances et rendent impossible le maintien du despotisme.

145 Ainsi, et tout à la fois, le despotisme est *impossible* et la liberté est *anarchique.*

146. De l'impossibilité de maintenir le despotisme et de l'impossibilité de concilier la liberté actuelle avec l'ordre, naît l'état d'anarchie de la société.

147. Aucun remède partiel ne guérira le mal des sociétés modernes.

148. Les progrès successifs de l'anarchie rendant commun à l'humanité les maux qui maintenant n'affligent que les masses prolétaires, forceront les classes riches à chercher le remède social que seulement alors elles reconnaîtront être devenu nécessaire.

149. Quand la vérité sera socialement reconnue nécessaire à l'existence de l'humanité, elle sera cherchée, trouvée et socialement acceptée.

150. Elle comprendra l'organisation sociale *matérielle*, et l'organisation sociale *morale*.

151. La première est relative à la richesse ; la seconde est relative à l'instruction.

152. Mais l'établissement d'une organisation rationnelle matérielle serait anarchique, si on ne la faisait précéder de l'organisation rationnelle morale, qui exige la découverte et l'adoption d'une base sociale incontestable.

153. Mais l'établissement de la liberté réelle est impossible, tant qu'il manque une base raisonnable d'ordre social, celle de la foi ayant été socialement anéantie.

154. La vérité sociale n'est que la vérité religieuse. Celle-là trouvée, toutes les autres en découlent nécessairement. La vérité religieuse restant ignorée, la société n'a de recours qu'à la foi ou à l'anarchie.

155. La foi est morte socialement ; l'anarchie, c'est l'agonie, c'est la mort sociale.

156. Il faut que la science, devenant spiritualiste, démontre la vérité sociale, en basant l'exécution de ce qu'elle exige sur une sanction incontestablement inévitable.

157. Lorsqu'il y aura un principe reli-

gieux universel, incontestable à tous les esprits, le ralliement de toutes les nations dans une même famille, sera possible et compatible avec la liberté et l'ordre.

158. Alors la libre concurrence sera possible, parce qu'il n'y aura pas d'intérêts opposés entre les différents peuples de la famille humaine.

159. Alors l'égalité des droits sera une vérité, car l'instruction sera accessible à tous, et l'impôt sera perçu sur le revenu et non sur le travail.

160. Alors la liberté du travail sera possible, parce que tous les hommes soumis au même principe social, et obéissant à la justice sociale, auront les mêmes droits aux éléments de travail que la terre offre à tous.

161. Alors la production et la consommation pourront être augmentées, avec la population et les progrès de la civilisation.

162. Alors la liberté d'enseignement

sera possible et utile, car personne ne pourra enseigner ce qui sera contraire à la liberté et à l'ordre.

163. La société nouvelle aura des principes fixes, incontestables invariables, absolus. La société les fera connaître à tous.

164. L'intérêt individuel doit se confondre et se confondra avec l'intérêt humanitaire. Car, hors de là, il n'y a que despotisme ou anarchie.

165. Aujourd'hui, l'intérêt de chacun est de faire le mal, pourvu qu'il soit caché. Dans la société future, l'intérêt de chacun sera de faire le bien, et chacun en sera certain.

166. Il y a deux moyens de sortir de l'état anarchique où la société se trouve :

167. 1º La conviction universelle de l'impossibilité de soutenir l'ordre présent, ce qui décidera à chercher le remède, qui alors sera trouvé.

168. 2º L'excès du mal social, qui faisant connaître à tous la nécessité du remède, les forcera à le chercher et alors il sera trouvé.

CONCLUSION.

169. La première période humanitaire a été celle de l'ignorance. Le despotisme alors était une nécessité sociale.

170. Le maintien de l'ordre sous la foi, exigeait la compression de l'intelligence et l'exploitation des masses.

171. L'émancipation de la pensée et la liberté de l'examen rendent aujourd'hui impossibles le maintien du despotisme et l'exploitation des masses.

172. La société était organisée pour les conditions despotiques de son existence. Aujourd'hui la société doit être organisée pour les conditions de la liberté.

173. La nouvelle organisation sociale exige donc le changement des conditions de l'existence passée.

174. La Révolution actuelle doit donc être radicale, c'est-à-dire, dans le fond de la constitution sociale.

175. Cette vérité est facile à demontrer ; mais elle ne sera acceptée que par la nécessité sociale.

176. La nécessité d'une nouvelle organisation sociale, fondée sur la justice absolue, n'est aujourd'hui reconnue que par quelques penseurs humanitaires ; mais elle est vivement sentie par la majorité souffrante.

177. Le système ancien a créé des intérêts pour les uns, des malheurs pour les autres. Ces intérêts et ces malheurs sont en présence aujourd'hui.

178. Les classes souffrantes demandent une amélioration. Les classes heureuses nient plus ou moins la justice de cette demande.

179. Cela arrive, parce que le soulagement des classes malheureuses est incompatible avec le maintien des priviléges des classes heureuses.

180. Pour que la nécessité d'une organisation nouvelle se fasse sentir à toutes les classes, il faut que toutes deviennent souffrantes par les vices de l'ancienne organisation.

181. Lorsque cette organisation ancienne, sous laquelle nous vivons, deviendra insupportable à tous, tous seront d'accord pour désirer la réforme, comme remède indispensable aux souffrances de l'humanité.

182. En attendant, de la nécessité du remède sentie par les classes malheureuses et de l'opposition à reconnaître cette nécessité dans les classes heureuses, naîtra l'*anarchie*.

183. Et l'anarchie fera connaître aux classes heureuses l'urgence de porter un remède aux souffrances de l'humanité.

184. La conviction sur la nécessité d'un remède radical, naîtra de l'insuffisance de tous les paliatifs qu'on aura essayés et qui n'auront produit d'autre résultat que le progrès de l'anarchie.

185. Alors toutes les classes, devenues souffrantes, se mettront d'accord pour opérer la réforme sociale; et *la réforme sociale se fera.*

NOTE.

Les personnes qui voudraient connaître quelques developpements des doctrines émises dans ces aphorismes, peuvent lire les brochures de l'auteur, récemment publiées sous les titres suivants, et qui se trouvent chez LEDOYEN, Palais-National, Galerie vitrée, n. 51; CAPELLE, r. des Grès-Sorbonne, 5, et à la LIBRAIRIE SOCIÉTAIRE, quai Voltaire, n. 25 :

De l'Inexactitude des principes économiques. — Le Problème de l'organisation du

travail, devant l'Académie des Sciences morales et politiques. — Le même problème,
devant le congrès des Économistes de Bruxel-
les. — Le même, devant le congrès central
d'Agriculture. — Examen des questions pré-
liminaires à celle de l'organisation du
travail.

4268   Imp. MAULDE et RENOU, rue Bailleul, 9-11.